Dirk Herdemerten

Die Wandmalereien von Thera (Santorini)

Dirk Herdemerten

Die Wandmalereien von Thera (Santorini)

GRIN Verlag

Bibliografische Information der Deutschen Nationalbibliothek: Die Deutsche Bibliothek verzeichnet diese Publikation in der Deutschen Nationalbibliografie; detaillierte bibliografische Daten sind im Internet über http://dnb.d-nb.de/ abrufbar.

1. Auflage 2004
Copyright © 2004 GRIN Verlag
http://www.grin.com/
Druck und Bindung: Books on Demand GmbH, Norderstedt Germany
ISBN 978-3-638-65821-8

Seminar:	Kretisch–mykenische Wandmalerei
	Wintersemester 2004/05
Thema:	**Die Wandmalereien von Thera (Santorini)**
Datum:	25.11.2004 / 02.12.2004 (Referat)

Inhalt

1 Prolog

Thera (synonym verwendet: Santorini, Santorin, Thira, Kallisti) ist die südlichste Insel der Kykladengruppe in der griechischen Ägäis. Sie liegt 75 Seemeilen nördlich von Kreta. Die Vulkaninsel hat heute die Form einer eingefallenen Kaldera, von der drei Teile landfest sind: Die Hauptinsel **Thira** (Fira) im Osten, **Thirassia** im Nordwesten und das kleine **Aspronisi** im Westen. Der Krater selbst ist mit Meerwasser gefüllt. In der Mitte des Kessels liegen die Inseln **Palea Kameni** und **Nea Kameni,** welche von Magmaausbrüchen in geologisch jüngster

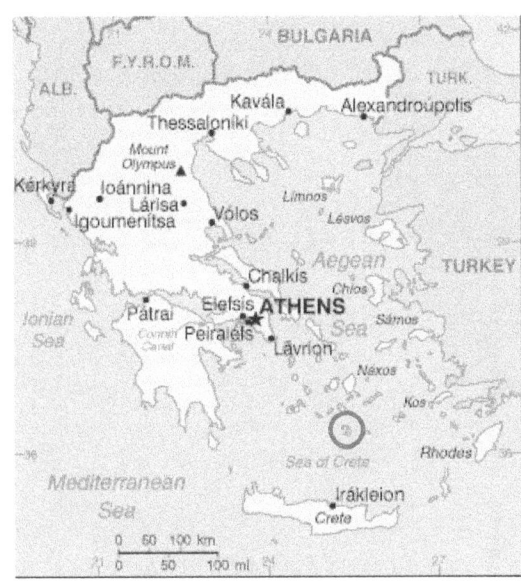

Abb. 1 Lage der Insel Thera

Vergangenheit gebildet wurden. Die bislang letzte Eruption fand im Jahre 1950 statt. Mit einem Schiff von Kreta kommend wird Thera als erste Insel bei der Einfahrt in die ägäische Inselwelt erreicht und verfügt somit über eine besonders exponierte Lage. Im Süden der Hauptinsel, in der Ebene von Akrotiri, entdeckte der griechische Archäologe Sp. MARINATOS Mitte des 20. Jahrhunderts eine spätbronzezeitliche Siedlung, die starke minoische Einflüsse aufweist. Diese Siedlung wurde seiner Zeit durch einen Ausbruch des Thera verschüttet und dadurch konserviert. Akrotiri birgt die besterhaltene Freskensammlung der vorgeschichtlichen Ägäis. Die Fresken gleichen auf den ersten Blick den bekannten minoischen Wandmalereien von Kreta. Besonders in der angewandten Technik, Motivauswahl, Perspektiven, in den Darstellungskonventionen und Farbkompositionen finden sich Parallelen. Allerdings weisen die theräischen Fresken auch deutliche Unterschiede zu den minoischen Wandmalereien auf. Ziel dieser Arbeit wird es sein, die vorgelegten Wandmalereien von Thera[1] zu besprechen. Der Schwerpunkt dieser Diskussion liegt auf den nichtornamentalen und weitgehend rekonstruierbaren Fresken. Hierbei sollen auch ikonographische Unterschiede zu den kretisch-minoischen Darstellungen heraus gearbeitet werden.

---

[1] Vor allem: DOUMAS, CH. (1992).

2 Forschungsgeschichtlicher Abriss

Der bekannte griechische Archäologe **Spyridon Nikolaou** MARINATOS führte zu Beginn seiner Karriere in den 1930er Jahren Ausgrabungen auf Kreta durch. Dabei bemerkte er einen Zerstörungshorizont, der das Ende der "Neuen Palastzeit" markiert und bei allen minoischen Villen und Palästen auftritt. Einzige Ausnahme bildet, wie wir heute wissen, der **Palast von Knossos**. Sp. MARINATOS vermutete, dass es sich bei diesem Zerstörungshorizont um den Niederschlag einer gewaltigen Naturkatastrophe handelt. 1939 veröffentlichte er seine Theorie[2]. Anfangs belächelt suchte MARINATOS in der Folgezeit nach Beweisen für seine Theorie. So initiierte er im Rahmen seiner Forschung Grabungen auf der Vulkaninsel Thera. In der Akrotiriebene stieß der Archäologe schließlich auf spätbronzezeitliche Befunde, welche durch eine vulkanische Eruption verschüttet worden waren. 1967 begann er dort mit systematischen Grabungen und legte einen Teil einer bronzezeitlichen Siedlung frei. Der spätbronzezeitliche Ausbruch des Thera wurde seinerzeit auf etwa 1500 BC datiert. MARINATOS sah seine Theorie bestätigt und glaubte Zeit seines Lebens an eine Auslöschung der minoischen Kultur durch die Theraeruption. 1974 verunglückte er tödlich an der Grabungsstelle.

Seit 1974 leitet **Christos G. DOUMAS** das Projekt. 1992 legte er eine erste umfassende Grabungsdokumentation vor[3].

Bis heute wurden in Akrotiri ca. 1 ha der spätbronzezeitlichen Siedlung ergraben. Der Großteil davon wurde bereits bis 1974 unter Sp. MARINATOS freigelegt. Ein besonderes Highlight der Fundstelle sind die zahlreichen gut erhaltenen Fresken[4]. Die restaurierten Originale befinden sich heute im archäologischen **Nationalmuseum von Athen.**

3 Geologischer Abriss

Thera verdankt seine Entstehung der Plattentektonik. Unmittelbar südlich der Insel Kreta stoßen nach Norden driftende Bruchschollen der afrikanischen Platte gegen die eurasische Platte und werden in einer nordwärts gerichteten Abwärtsbewegung subduziert. Erreicht das subduzierte Material eine Tiefe um etwa 140 km, wird dieses unter den vorherrschenden p/t-Bedingungen partiell aufgeschmolzen. Weniger dichtes Krustenmaterial drängt als gashaltige Magma entlang von strukturellen Schwächezonen in der Erdkruste nach oben und sammelt sich in Magmakammern. Steigt der Druck in einer solchen Magmakammer über einen

---

[2] MARINATOS, Sp. (1939): Die Vulkankatastrophe des minoischen Kreta.
[3] DOUMAS, Ch. (1992)
[4] Der Begriff **Fresko** wird hier synonym für alle theräischen Wandmalereien verwendet. Ob ein Wandbild, oder Teile von diesem, auf den noch feuchten Putz oder in Al-Secco-Technik aufgebracht wurde, wird nicht berücksichtigt.

kritischen Wert, kommt es zu einer Druckentlastung in Form einer Eruption. Auf diese Weise entstand ein vulkanischer Inselbogen von Nisiros im Osten über Thera bis zum Golf von Korinth im Westen.

Im 2. Jahrtausend BC, während der ägäischen Spätbronzezeit, brach der Thera in einer der schwersten plinianischen Eruptionen der vergangenen 10 000 Jahre aus. Eine Wolke aus Asche und Gasen breitete sich von Thera nach Osten hin über den gesamten östlichen Mittelmeerraum aus, mit erheblichen Folgen für Klima und Umwelt[5]. Die mehrere Zentimeter mächtigen Ablagerungen dieser Wolke bilden heute in der Region einen wichtigen, datierenden Leithorizont. Im minoischen Hafen der der kretischen Nordküste vorgelagerten Insel Psira fanden sich versunkene Handelsschiffe, welche möglicherweise durch einen vom Theraausbruch ausgelösten Tsunami versenkt worden sind. Auch dürfte die psychologische Wirkung einer derart heftigen Eruption auf eine (natur-) religiös geprägte Bevölkerung als erheblich angesehen werden. Eine weitere globale Folge des Ausbruchs, der auch **"minoische Eruption"** genannt wird, war ein saurer Regen, dessen Spuren noch heute im grönländischen Inlandeis nachweisbar sind.

4 Datierung der Fundstelle

Untersuchungen mit archäologischen Datierungsmethoden von Ch. DOUMAS zeigen eine Siedlungskontinuität in Akrotiri seit mindestens der mittelkykladischen Periode[6] (~ 1800 BC). Besonders aufschlussreich für die Altersbestimmung der Fresken ist ein Vergleich der künstlerischen Stilelemente mit Wandmalereien aus dem vorderen Orient. Im Westhaus von Akrotiri (s.u.) konnte aus Raum 4 ein Fresko mit einem Schachbrettmuster geborgen werden. Dieses spezielle Muster ist auch aus dem **Palast von Mari**[7] im heutigen Syrien bekannt. Möglicherweise fanden hier theräische Maler Anregungen. Ebenfalls in Mari wurden Spiralmuster[8] gefunden, wie sie bereits früher aus der Ägäis und von Kreta her bekannt sind und ebenfalls auch für Thera belegt sind[9]. Demnach darf ein bilateraler Austausch zwischen der Ägäis und dem vorderen Orient angenommen werden. Dieser Austausch muss 1759 BC bereits stattgefunden haben. In diesem Jahr zerstörte Hamurabi den Palast von Mari.

Spätestens der spätbronzezeitliche Vulkanausbruch beendete jegliche Aktivität der Bewohner von Akrotiri. Gelingt es die Eruption zu datieren, erhält man folglich ein Schlussdatum für das

---

[5] Durchaus vergleichbar mit dem Ausbruch des indonesischen Vulkans Tambora von 1815 und dessen Wirkung. Z.B. fiel in den Sommermonaten des Folgejahres 1816 in Nordamerika und Europa Schnee.
[6] DOUMAS, Ch. (1992) S. 30; Marinatos, N. (1988), S. 28.
[7] PARROT, A. (1958) S. 10f.
[8] PARROT, A. (1958) S. 67.
[9] DOUMAS, Ch. (1992) S. 132 f. Abb. 93.

Bestehen der Siedlung und damit einen terminus ante quem für die theräischen Wandmalereien. In der Fachliteratur eingeführt sind zwei Datierungsansätze, welche auf archäologischen Methoden (Korrelation der gefundenen Keramik u.ä.) beruhen. Das bislang gebräuchliche **konventionelle Datum** stellt den spätbronzezeitlichen Theraausbruch in die Zeit zwischen 1500 und 1550 BC. BETRANCOURT (1987) passte die archäologischen Daten den mittlerweile genauer werdenden ^{14}C-Datierungen an, welche ein höheres Alter fordern. Folgt man BETRANCOURT, so verschiebt sich die archäologische Datierung der Eruption um 100 Jahre nach oben (1600 bis 1650 BC). Beide Daten werden parallel benutzt bzw. konkurrieren miteinander.

Daneben liefert die besondere geologische Situation der Insel Thera Ansätze für verschiedene naturwissenschaftliche Datierungsmethoden. Am Ort der Eruption selbst, auf Santorin, liefern gängige naturwissenschaftliche Verfahren wie z.B. die **Thermolumineszenzmethode** (TL) oder die ^{14}**C-Datierung** aufgrund von spezifischen physikalischen bzw. chemischen Schwierigkeiten nur ungenaue Daten. Im Wesentlichen sind es zwei naturwissenschaftliche Verfahren, die den Anspruch auf eine jahrgenaue Datierung erheben, die **Dendrochronologie** und die so genannte **Eiskernmethode**. Beiden Verfahren gemeinsam ist der Ansatz die Eruption indirekt zu datieren.

Der Dendrochronologie stehen aufgrund der schlechten Erhaltungsbedingungen keine Holzproben aus Akrotiri selbst zur Verfügung. Ausgehend von der Überlegung, dass eine heftige plinianische Eruption in der Ägäis (vgl. Kap. 3) negativen Einfluss auf das globale Klima gehabt haben muss, eröffnet sich hier eine indirekte Vorgehensweise. Das Jahr 1627 BC brachte eine deutliche globale Klimaverschlechterung, welche in Anomalien bei Wachstumsringen nordamerikanischer und europäischer[10] Bäume nachweisbar ist. Einige Forscher[11] sehen in dieser Klimaveränderung eine direkte Folge der Theraeruption. Demnach wäre der Thera ein Jahr zuvor, 1628 BC, ausgebrochen. Die Datengrundlage für diese Theorie ist jedoch mehr als dürftig. Für derartige Klimaschwankungen sind eine ganze Reihe anderer Umweltfaktoren denkbar, z.B. Ausbrüche anderer Vulkane, Impaktereignisse, Sonnenaktivität etc.

Vertrauenswürdiger erscheint die moderne Eiskernmethode. Hierbei werden Proben von Kernbohrungen aus dem ewigen Eis Grönlands[12] und der Antarktis (Wostok) untersucht. Die Bohrkerne liefern abzählbare, jahreszeitliche Schichten, welche u.a. Umwelt- und Klimainformationen liefern. In einer Schicht des Jahres 1645 BC (± 7 a) des grönländischen

---

[10] BAILLIE, M.G.L. (1990).
[11] z.B. LAMARCHE, V.C. und Hirschboeck, K.K. (1984).
[12] Europ. Greenland Icecore Projekt (GRIP) und das am. Greenland Ice Sheet Project (GISP).

Inlandeis wurde ein ungewöhnlich hoher Säuregehalt registriert[13]. Dieser Befund wird auf einen Niederschlag von sog. **saurem Regen** als Folge der Theraeruption zurückgeführt. Bei näherer Untersuchung der betreffenden Schicht konnten Spuren von vulkanischer Asche nachgewiesen werden. Diese Partikel wurden von verschiedenen Laboren untersucht und geochemisch mit denen Theras verglichen. Führende Geowissenschaftler identifizierten diese Partikel als Theramaterial[14]. Demnach fand der spätbronzezeitliche Ausbruch des Thera etwa 1648 BC statt. Es werden jedoch zunehmend Stimmen laut, die die angewandten Methoden kritisieren und die vorgelegten Ergebnisse anzweifeln[15]. Als jüngste Entwicklung in diesem Disput will PEARCE (2004) die fraglichen Aschepartikel als Material aus einer Eruption des **Aniakchak-Vulkans** in Alaska identifiziert haben. Die Diskussion über den Eiskernbefund und damit über die Datierung des spätbronzezeitlichen Theraausbruchs ist gegenwärtig im vollen Gange.

5 Akrotiri - Die Stadt und ihre Bewohner

Die Siedlung wird seit 1967 systematisch ergraben. Dabei konnte bislang etwa 1 ha der Stadt freigelegt werden. Über die ursprüngliche Ausdehnung Akrotiris ist nichts Genaues bekannt, bzw. bislang, abgesehen von wagen Vermutungen, nichts veröffentlicht worden. In diesem Zusammenhang bemerkenswert ist, dass bei den bisherigen Grabungen keine Stadtgrenzen festgestellt werden konnten.

Die ausgegrabenen Gebäude lassen sich in drei Klassen kategorisieren[16]:

- große **"Herrenhäuser"** mit öffentlichen Charakter wie Xeste 2, 3, 4, 5
- große **freistehende Gebäude** mit privatem Charakter wie das "Frauenhaus" und das "Westhaus"
- **Gebäudekomplexe**, die der Reihe nach mit Buchstaben des griechischen Alphabetes benannt werden (A, B, G, ?).

Die freistehenden Gebäudetypen weisen teilweise Merkmale minoischer Palastarchitektur auf. So verfügt beispielsweise das Frauenhaus über einen zentralen Lichthof, wie er aus der kykladischen Architektur nicht bekannt ist. Minoische Säulenarchitektur ist für Akrotiri im Grabungsbefund nicht nachweisbar. Dem heutigen Betrachter befremdlich erscheint der Befund von Gemeinschaftsküchen und das Fehlen von separaten Wohneinheiten innerhalb der Gebäudekomplexe[17]. Durch das Grabungsareal zieht sich eine Nord-Süd verlaufende

---

[13] z.B. FRIEDRICH, W. (1994) S. 93.
[14] MANNING (1999), HAMMER (2003).
[15] vor allem KEENAN (2003).
[16] MARINATOS, N. (1988), S. 11.
[17] Kommunale Wohngemeinschaften?

Straße, welche vermutlich die Stadt mit einer Hafenanlage verband. Diese Hauptstraße wurde von Sp. MARINATOS **Telchines-Straße** getauft. Gebäude, die allein für Kulthandlungen dienten oder rein gewerbliche Gebäude wurden bislang, mit Ausnahme der **Nordmühle** als Zweckbau, nicht entdeckt. Wenn gleich die **Nordmagazine** vermutlich überwiegend der Lagerhaltung dienten. Eine Unterscheidung in private und öffentliche Bauten ist nicht eindeutig feststellbar. In der Regel wurden scheinbar die oberen Stockwerke als Wohnungen und Kulträume genutzt, während das Parterre gewerblichen Zwecken diente.

Abb. 2
Grabungsplan

Akrotiri wird häufig mit der römischen Fundstelle von Pompeji verglichen. War Pompeji zum Zeitpunkt der Katastrophe eine blühende Stadt, so war Akrotiri hingegen lange vor dem Vulkanausbruch von seinen Bewohnern verlassen worden. Vermutlich wurden sie durch die erwachende Aktivität des Thera[18] gewarnt. Ch. DOUMAS (1974) beschreibt eine dünne Aschelage unter den Ablagerungen der ersten Haupteruptionsphase. Kam es zu einer schwächeren, initialen Eruption mit Ascheauswurf einige Zeit vor dem eigentlichen Ausbruch des Thera, wodurch die Bevölkerung gewarnt wurde? Bei den Ausgrabungen wurden bisher keine menschlichen Überreste gefunden. Die evakuierten Bewohner hatten auch die meisten ihrer Habseligkeiten mitgenommen.

Abb. 3: Verstürztes Mauerwerk bedeckt von Bimsen aus min.

drei Eruptionsphasen

Zerbrochene Treppen und umgestürzte Mauern zeugen von schweren Erdbeben, die dem Vulkanausbruch voraus gingen. Zwischen der Zerstörung durch die Beben und der Vulkaneruption lag mindestens eine Regenperiode. Die eingestürzten Mauern waren bereits mit Gras bewachsen, als die Tephra sie bedeckten.

Weshalb die Bewohner Akrotiri nach den Beben verließen, lässt sich heute nur mutmaßen. Soziologische Betrachtungen von Menschen, die in durch Vulkane oder Erdbeben gefährdeten Gebieten leben, zeigen, dass sich die betreffenden Menschen nicht durch eine

---

[18] Gasaustritte, Erdbeben u.ä.

latente Bedrohung beeinflussen lassen[19]. Hier und da lassen sich Zeichen eines beginnenden Wiederaufbaus beobachten. Einige Räume waren behelfsmäßig wieder hergerichtet. Sp. MARINATOS sprach in diesem Zusammenhang von **Troglodyten**, Ruinenbewohnern. Er glaubte an wenige Zurückgebliebene, die in den Ruinen lebten[20]. Ch. DOUMAS hält organisierte Reparaturtrupps für wahrscheinlicher.

Minoische Kultobjekte	Vorkommen im Thera-Fundinventar
Doppeläxte	—
Altäre	—
Röhrenförmige Vasen mit applizierten Schlangen ("snake tubes")	—
Terrakottafüße	—
Opfertische	—
Libationskannen	+
Konische Becher	+
Muscheln	+
Rhyta	+
Rhyta in Tierform	+
Opferbehälter aus Stein	+
Kulthörner ("horns of consecration")	+
Roter Farbstoff	+

Tabelle 1: Parallelen zwischen Kultgegenständen der Minoer und der Bewohner von Akrotiri (nach N. MARINATOS 1988)

Vergleiche des Fund- und Befundinventars mit dem minoischen Kreta (s. Tab. 1) zeugen von einem allgegenwärtigen Einfluss der minoisch-kretischen Kultur. Dennoch fällt auf, dass für die minoische Kultur wichtige Gegenstände, wie z. B. die Doppelaxt oder typische Opfertische, fehlen. Ch. DOUMAS vergleicht den Einfluss Kretas auf Thera eher mit dem heutigen Einfluss der USA auf Kontinentaleuropa, als mit einer abhängigen Kolonie.

---

[19] z.B. die Menschen in San Francisco oder Neapel. Die Bewohner dieser Orte wissen um die Gefahr, bleiben aber dort wohnen.
[20] MARINATOS, N. (1988), S. 30.

Andererseits ist eine solche Einschätzung von unserer heutigen Warte aus schwierig. Wir können nur wage Vermutungen abgeben[21]. Aufgrund der Befunde, welche bis mindestens in mittelkykladische Zeit zurückreichen[22], erscheint es angebrachter bei Akrotiri von einer Kykladenstadt mit minoischer Prägung zu sprechen.

6 Die Wandmalereien von Akrotiri

Bei den als öffentlich angesprochenen Gebäuden Akrotiris wurden Wandmalereien sowohl im Parterre als auch in den Obergeschossen vorgefunden, wobei die als private Häuser klassifizierten Häuser sind nur in den Obergeschossen mit Fresken ausgestattet sind. Die Fresken fielen bei den der Eruption des Thera vorausgegangenen Erdbeben von den Wänden und zerbrachen. Anschließend wurden diese Fragmente von der Vulkanasche (Tephra) bedeckt. Die Tephra sorgte für gute Konservierungsbedingungen durch über Jahrtausende gleich bleibende Temperatur- und Feuchtigkeitsbedingungen.

Das Motivinventar der Akrotiri-Fresken setzt sich zusammen aus:

- abstrakten Mustern
- geometrischen Formen
- Darstellungen von unbelebten Objekten
- Landschaftsdarstellungen
- Darstellungen von Menschen, Fabelwesen, Flora und Fauna.

In diesem Kapitel wird eine Auswahl der bislang vorgelegten, nichtornamentalen Fresken[23] vorgestellt.

6.1 Frauenhaus (Haus der Damen)

Das Frauenhaus ist ein mehrstöckiges freistehendes Gebäude mit einem zentralen Lichtschacht, wie er auf den Kykladen nicht vorkommt. Derartige Lichtschächte sind jedoch aus der minoischen Palastarchitektur bekannt. Die Grabungsarbeiten sind in diesem Bereich noch nicht abgeschlossen. Aus Raum 1 (2. Stock) wurden Teile von Fresken geborgen.

---

[21] Gibraltar beispielsweise ist eine britische Kolonie. Der Einfluss des Mutterlandes dort ist stark. Dennoch erfolgte keine vollständige Übernahme der Kultur. Obwohl Bildung und Erziehung der Schulkinder fest in britischer Hand ist, sind auch nach 300 Jahren britischer Herrschaft spanische Elemente auf dem Felsen deutlich wahrnehmbar. Die Einheimischen vermischen im Gespräch untereinander Spanisch und Englisch, sie fahren auf der rechten Straßenseite Auto, sind überwiegend katholisch, es gibt britische Restaurants und Geschäfte genau so wie spanische u.s.w. Eine koloniale Verwaltung und Regierung muss demnach nicht unbedingt bedeuten, dass eine Kolonie vollkommen ihre heimische Identität aufgibt. Vielmehr können sich Einflüsse vermischen. Auch in Akrotiri sind minoische Einflüsse allgegenwärtig, ohne das die minoische Kultur vollständig übernommen worden wäre und ohne das der kykladische Ursprung zu leugnen wäre.

[22] Vgl. Anm. 6.

[23] Grundlage hierfür ist DOUMAS, Ch. (1992).

Dieser Raum ist kompositorisch durch Fresken mit unterschiedlichem Dekor in eine östliche und eine westliche Hälfte geteilt.

6.1.1 Das "Papyrusfresko"

Das westliche Wandbild zeigt eine Komposition dreigliedriger Pflanzen[24]. Rekonstruiert werden konnte eine Gruppe von vier Pflanzeneinheiten, welche in blauer Farbe auf weißem Grund gemalt wurden. Die Basis der Pflanzen wird aus einer Blätterstaude gebildet, aus der jeweils drei Stängel herauswachsen. Gekrönt werden die Stängel von fächerartigen Dolden, die an den Spitzen mit kleinen gelben Blüten versehen sind. Unterhalb der Dolde befinden sich gelbe Kelch- und jeweils zwei blaue Kronenblätter. Die Pflanzen stehen auf einem Sockel aus einer zweifarbigen "stehenden Welle" Die unteren Zweidrittel der Welle wurden in rot, das obere Drittel wurde in gelber Farbe gemalt. Den oberen Abschluss des Freskos bildet ein Fries aus roten und blauen Bändern. Das Wandbild ignoriert die baulichen Gegebenheiten des Raumes. Es war nicht nur an der Westwand angebracht, sondern erstreckte sich auch auf den westlichen Teil der Nord- bzw. Westwand. Wobei die Raumecken negiert werden.

Die Darstellungen erscheinen, oberflächlich betrachtet, exakt und naturgetreu. Hier fanden Archäologen immer wieder Anlass zu botanischen Bestimmungsübungen. Ein Phänomen, das auch bei anderen Naturdarstellungen auf theräischen Fresken zu beobachten ist. Diese waren des Öfteren Gegenstand botanischer bzw. zoologischer Publikationen[25].

Bereits Sp. MARINATOS versuchte sich an einer botanischen Ansprache der hier dargestellten Pflanzen. In diesen sah er Pankrazlilien[26]. Eine Ähnlichkeit ist zwar vorhanden, allerdings weisen die Pflanzenabbildungen eine Höhe von etwa 100 cm auf. Pancratium sp. erreicht in der Natur jedoch eine Höhe von nur ca. 45 cm. Das würde bedeuten, dass der Maler die Pflanzen stark vergrößert zeigen wollte. Für ein solches Vorgehen jedoch finden sich in der bekannten minoischen Ikonographie keine Parallelen. Nanno MARINATOS widerspricht an dieser Stelle ihrem Vater. Sie beschreibt die hier dargestellten Pflanzen als Papyrus, welche sie in kultischem Zusammenhang sieht (Stichwort: "religiöse Landschaft")[27]. Indes hat Papyrus in der Natur keine Blätter und keine kelchartigen Blüten, sondern einen blattlosen Stängel mit einer dichten fliederartigen Dolde. Ein Vergleich mit der ägyptischen Kunst zeigt, dass dort Papyruspflanzen in der Regel ohne Blätter dargestellt werden. Allerdings werden

---

[24] DOUMAS, Ch. (1992) S. 36f. Abb. 2-5.
[25] z.B. WARREN (1977): Did Papyrus grow in the Aegean?.
[26] MARINATOS, Sp.: Thera V S.39.
[27] MARINATOS, N. (1988) S. 93f.

die Dolden auch oft als nicht weit geöffnete Kelche gezeigt[28]. N. MARINATOS erklärt diese Diskrepanz mit der Unkenntnis der theräischen Maler vom Aussehen von Papyruspflanzen. Ihrer Meinung nach benutzten die Maler Vorlagen. Die bis zu zwei Meter hohen Pflanzen kommen zwar in der Ägäis vor, sind hier aber selten.

6.1.2 Das "Frauenfresko"

Im östlichen Teil sind die Fragmente von mindestens drei Frauendarstellungen überliefert[29], welche zu einer größeren Komposition gehört haben müssen. Rekonstruierbar erhalten sind Fragmente einer erwachsenen, weiblichen Figur an der Süd- und einer Weiteren an der Nordwand. Die Personen sind auf einen weißen Hintergrund gemalt. Über den Figuren schwebt eine "stehende Welle" aus einem blauen Band mit kräftigen schwarzen Konturlinien. Den Abschluss des Wandbildes bildet auch hier ein Fries, der mit dem Fries über dem "Papyrusfresko" bis auf ein zusätzliches gelbes Band in der Mitte übereinstimmt. Den Raum zwischen der "stehenden Welle" und dem abschließenden Fries füllt ein geometrisch exakt ausgerichtetes, rautenförmiges Sternenmuster. Die einzelnen blauen Sterne sind gelb umrahmt. Sie haben die Form einer Kompassrose und sind untereinander mit dünnen schwarzen Linien verbunden. Auf der schwarzen Linie wurden in regelmäßigen Abständen rote Punkte, wie Perlen auf einer Schnurr, gemalt.

Die Frau an der Südwand ist stehend und im Profil gezeigt. Im Gesicht ist das Auge, wie bei minoischen Fresken typisch, aus der Vorderansicht in das Profil eingesetzt. Die Lippen und die Wange sind rot gefärbt. Die unbekleideten Körperteile sind farblos gelassen und werden nur durch eine schwarze Konturlinie gegen den Hintergrund abgegrenzt. Sie trägt einen gelben volantartigen, minoischen Rock mit roten und blauen Säumen. Weiterhin ist die Figur mit einem gelben, kurzärmeligen Oberteil bekleidet, welches an den Ärmeln mit roten Streifen abgesetzt ist. Das schwarze Haar der Frau ist voll und lang. Es wird mit Bändern gehalten und lässt das mit einer Creole geschmückte Ohr frei.

Die weibliche Figur auf der Nordwand ist ebenfalls in der Seitenansicht gezeigt. Sie ähnelt in der Tracht der Frau an der Südwand. Ihr weißer volantartiger Rock ist mit roten und blauen Säumen besetzt. Auch ihr Oberteil ist weiß mit blauen Streifen. Frisur und Schmuck entsprechen ebenfalls der Frau an der Südwand. Einen Unterschied gibt es in der Körperhaltung. Die Figur ist leicht nach vorne gebeugt und hält in der rechten Hand einen zusätzlichen Rock. Auffällig ist die unbedeckte, große Brust der Frau. Die Brustwarze ist in intensiv roter Farbe ausgeführt. Ihre linke Hand ist auf eine wetere Frauengestalt gelegt. Die

---

[28] vgl. z.B. das "Jagd im Papyrusdickicht"-Fresko aus dem Felsenkammergrab des Nacht (18. Dynastie, Theben-West, TT 52).

[29] DOUMAS, Ch. (1992) S. 38ff. Abb. 6-12.

dritte Figur ist nur rudimentär vorhanden. Möglicherweise war sie sitzend dargestellt. Hier könnte eine Ankleidungsszene (Zeremonie?) abgebildet gewesen sein.

Die beiden beschriebenen Frauenfiguren an der Süd- und der Nordwand sind zur Ostwand hin ausgerichtet. Vermutlich befand sich hier das nicht überlieferte, zentrale Motiv der Komposition.

6.2 Westhaus

Das Westhaus ist das bislang am besten erforschte Haus der Siedlung. In der älteren Literatur wird dieses Gebäude vom "Herrenhaustyp" auch "Haus des Admirals" genannt. Die Räumlichkeiten im Parterre dienten als Küche und Lager. Ferner wurden hier Fragmente von Webstühlen gefunden, die auf eine Textilproduktion in diesem Gebäude schließen lassen. Fresken wurden nur im Obergeschoß in den Räumen 4 und 5 entdeckt. Raum 5 war offensichtlich ein zentrales Durchgangszimmer. Von hier ereichte ein Besucher entweder den ebenfalls dekorierten Raum 4 oder, durch einen Korridor (Raum 7), das Speisezimmer des Hauses (Raum 6).

6.2.1 Das "Fischerfresko"

In Raum 5 zeigen zwei Wandpaneele jeweils einen unbekleideten Jüngling mit rasiertem Haupthaar[30]. In Verbindung mit Parallelen aus der ägyptischen Kunst wird eine blau gefärbte Kopfhaut als rasiertes Haupthaar gedeutet. Ch. DOUMAS sieht hierin ein Zeichen für Kinder und Jugendliche[31]. Beide Figuren werden in dunklem Inkarnat wiedergegeben. Dies scheint in der theräischen Malerei männlichen Figuren vorbehalten zu sein[32]. Die Figur an der Westwand ist in nur wenigen Fragmenten erhalten. Sie wird vollständig im Profil gezeigt. Nur das Auge ist wiederum von vorne gegeben und in das Profil eingesetzt. Die Arme sind an den Körper angelegt. Die Unterarme sind vor der Brust ausgestreckt. In den Händen hält die Figur zwei Bündel mit Fischen, die hintereinander gegeben werden, so dass sie wie ein einziges Bündel wirken. Die Figur an der Nordwand ist besser erhalten. Dieser junge Mann wird in einer Wechselansicht dargestellt. Der Kopf und der Unterkörper werden im Profil gezeigt, während der Oberkörper in eine Dreiviertelansicht geklappt wird. Die Arme sind halb angewinkelt nach links und rechts vom Körper streckt. In jeder Hand hält auch diese Figur je

---

[30] DOUMAS, Ch. (1992) S. 52ff. Abb. 18-23.
[31] vgl. hierzu MARINATOS, N. (1988) S. 62.
[32] Bei Frauen und Mädchen werden in der Regel die unbekleideten Körperstellen weiß wie der Hintergrund gelassen und nur mit einer Konturlinie gegen diesen abgegrenzt.

ein Bündel mit blau-gelben Fischen. Der Maler scheint Schwierigkeiten mit der Darstellung der Finger gehabt zu haben, denn die Daumen wirken überlang[33]. Beide Paneele sind in drei Zonen aufgeteilt. Eine schwarze Sockelzone, eine Bilderzone, in der die Figuren ohne Konturlinie gegen einen weißen Hintergrund gesetzt wurden und einen abschließenden Fries aus einem roten, einem gelben und einem blauen Band. N. MARINATOS interpretiert die Nacktheit der Figuren als Indiz dafür, dass hier eine religiöse Handlung dargestellt wird[34].

6.2.2 Das "Schiffsfreskos"

Mit Ausnahme der Westwand[35] war über den Fenstern von Raum 5 ein friesartig umlaufendes ein Miniaturfresko[36] angebracht. Dieses Fresko hat einen offensichtlich narrativen Charakter. Hier wird vermutlich eine Geschichte in mehreren Episoden dargestellt. Die Bildergeschichte beginnt an der Nordwand mit einer Szene, in der eine Versammlung von Männern auf einem Hügel gezeigt wird. Die Männer tragen lange weiße Umhänge und sind dunkel im Inkarnat. Im Folgenden sind Schiffe vor einer Küste zu sehen. Zwischen den Schiffen treiben ertrunkene Seeleute. Die Annahme, dass es sich bei den Schiffbrüchigen um im Kampf besiegte Feinde handelt erscheint plausibel Aus der ägyptischen Kunst sind Darstellungen bekannt, in denen unterlegene Feinde als nackte Körper ungeordnet in einem in einem wilden Verband gezeigt werden[37].

An der Küste ist eine Stadt abgebildet, vor der eine Phalanx von bewaffneten Kriegern aufgestellt ist. Die Krieger tragen Helme und lange Speere. Sie schützen sich mit fellbespannten, rechteckigen Schilden. Hinter der Phalanx treiben Hirten einige Rinder zusammen. Hier wird offensichtlich ein kriegerischer Angriff auf eine Küstenstadt gezeigt. Die geordnete Phalanx im Gegensatz zu dem wirren Durcheinander der Schiffbrüchigen hilft dem Betrachter zwischen Sieger und Unterlegenen zu unterscheiden. Der Anschluss des Wandbildes zum Fresko an der Ostwand ist nicht erhalten. An der Ostwand selbst wird eine Landschaftsszene gezeigt, in der mythologische Tiere, ein Greif und zwei nicht näher bestimmbare Raubtiere, der Beute nachstellen. Von links nach rechts durchzieht ein mäandrierender Fluss die dargestellte Landschaft. Am Ufer des Flusses wachsen palmenartige Pflanzen. Vereinzelt sind am Ufer bunte Steine zu sehen, die an Ostereier erinnern. Derartig gemalte Steine finden parallele Darstellungen im "Rebhuhnfresko" aus der **Karawanserei** in

---

[33] Dieses Phänomen lässt sich auch im Palast von Knossos beim "Lilienprinzen" beobachten.
[34] MARINATOS, N. (1988) S. 37f.
[35] Zumindest ist ein solcher Fries für die Westwand nicht belegt.
[36] DOUMAS, Ch. (1992) S. 58ff Abb. 26-48.
[37] z.B. auf der "Kriegstruhe des Tutanchamun" aus Theben-West (KV 62), Ägyptisches Museum Kairo (JE 61467).

Knossos[38]. Der Fluss wird aus der Vogelperspektive gegeben, während Pflanzen und Tiere im Profil dargestellt sind.

Die Südwand ziert eine prozessionsartige Szene von sieben einreihigen Galeeren, die reich mit Blumen geschmückt, von einer Küstenstadt auf eine weitere Stadt –möglicherweise Akrotiri?- zufahren. In den beiden Häfen liegen weitere kleinere Boote. Die Galeeren haben achtern auf Deck einen pavillonartigen Aufbau, in welchem jeweils ein Mann in sitzender Position gezeigt wird. Es ist anzunehmen, dass es sich hierbei um die Kapitäne der Schiffe handelt. Aus jedem "Kapitänszelt" ragt eine Lanze auf dessen Spitze ein Eberzahnhelm aufgepflanzt ist. Vor diesem Aufbau steht jeweils ein Matrose, der das Schiff mit einem langen Ruder steuert. Auf einer Galeere steht neben dem Steuermann ein Taktschläger, der den Rudergängern die Schlagzahl vorgibt. Mittschiffs auf den Decks befinden sich weitere größere Sonnenzelte, unter welchen Männer in langen, teils farbigen Umhängen sitzen. Das mittlere Schiff ist mit Girlanden geschmückt, die vom Mast zum Bug und zum Heck gespannt sind. An den Girlanden hängen Muscheln. Der Bug der Schiffe ist mit großen Blüten geschmückt. Zwischen den Schiffen tummeln sich Delphine. In der linken Stadt werden die Schiffe von vielen Menschen erwartet. Fenster und Dächer sind mit Zuschauern besetzt. Vor der Stadtmauer wartet eine Reihe von jungen Männern.

Neben verschieden anderen Interpretationsansätzen[39], sieht N. Marinatos hier die Darstellung eines "Männerfestes" zu See[40]. Sie deutet hier den männlichen Gegenpart zu den Fresken in Xeste 3 (vgl. Kap. 6.5), wo ihrer Meinung nach ein Ritual oder Fest dargestellt wird, das Frauen vorbehalten war.

Selbst bei diesem komplexen Fresko werden Überschneidungen, bis auf wenige Ausnahmen, vermieden. Nur vereinzelt überlagert mal ein Kleidungsstück eine andere Figur, jedoch ohne dass dadurch eine räumliche Perspektive erzeugt wird. In einem Fall überdeckt ein Delphin einen Weiteren zu Dreivierteln. Zur Erzeugung von Perspektiven wird hier die ägyptische Technik des vertikalen Versatzes angewandt. Gebäude und Personen im Vordergrund werden größer dargestellt als Dinge im Hintergrund. Besonders hervorzuheben sind die Delphindarstellungen. Sie scheinen nach derselben Mustervorlage gemalt worden sein, wie die Delphine in den kretisch-minoischen Wandmalereien. Hier fällt besonders die gewählte Perspektive auf. Kopf und Körper der Tiere sind in Seitenansicht dargestellt, während die Fluke (Schwanzflosse) als Aufsicht gezeigt wird. Es kann davon ausgegangen werden, dass es sich bei den Bewohnern von Akrotiri um ein sehr naturbezogenes Volk gehandelt hat. Ihnen muss die Anatomie der Meerestiere bewusst gewesen sein. Sie werden Delphine

---

[38] Kieselsteine an der kretischen Küste bestehen größtenteils aus abgerollten Metamorphiten, die mehrfarbig und gebändert sein können.

[39] vgl. hierzu MARINATOS, N. (1988) S. 53.

[40] MARINATOS, N. (1988) S. 59, 72.

vermutlich nicht aus Unkenntnis mit einer Fischflosse gemalt haben. Bei der vertikalen Schwanzflosse muss es sich demnach um ein perspektivisches Stilmittel handeln. Diese Annahme wird dadurch bekräftigt, dass bei den Delphindarstellungen die –übertrieben kräftig dargestellte- Seitenlinie vor der Fluke nach unten abknickt.

Der Miniaturfries gibt dem Betrachter einen wagen Hinweis auf die Kleiderordnung der Theräer, bzw. zeigt Darstellungskonventionen der unterschiedlichen Schichten in der theräischen Gesellschaft[41]. Hochrangige Männer tragen auf dem Bild lange Umhänge. Junge Männer und Krieger sind entweder unbekleidet oder tragen einen minoischen Schurz. Stadtbewohner sind in Tunica ähnliche Gewänder gekleidet, während die ländliche Bevölkerung lange zottelige Felle trägt.

Der Zusammenhang zwischen der Kriegsszene, dem Landschaftsfresko und der abschließenden Darstellung einer friedlichen Schiffsprozession ist für den heutigen Betrachter nicht entschlüsselbar. Dennoch gibt es zweifellos diesen Zusammenhang. Möglicherweise wird hier ein Mythos wiedergegeben oder die Geschichte einer Expedition erzählt, die tatsächlich stattgefunden hat.

6.2.3 Die "Junge Priesterin"

Im Durchgang zwischen Raum 5 und 4 befand sich die Abbildung eines jungen Mädchens, das als Priesterin angesprochen wird[42].

Die weibliche Figur steht auf einem Sockel, der mehrfarbig eine Marmorierung imitiert. Das Mädchen selbst ist, abgesehen von der Kleidung, mit einer schwarzen Konturlinie gegen einen weißen Hintergrund gesetzt. Unbekleidete Körperstellen, wie Füße, Unterarme, Dekolleté und Gesicht sind ebenfalls weiß gelassen. Die bis auf drei schwarze, schlangenartig gewundene Strähnen blau gemalte Kalotte symbolisiert einen rasierten Kopf[43] (vgl. Kap. 6.2.1). Den oberen Abschluss bildet ein Fries aus einem einfarbigen roten Band.

6.2.4 Das Zimmer des Admirals

Das Freskeninventar aus Raum 4 besteht aus insgesamt acht so genannten Ikria[44]. Hierbei handelt es sich um Darstellungen, die den "Kapitänszelten" auf den Galeeren vom "Schiffsfresko" ähneln (vgl. Kap. 6.2.2). Jedes Ikrion weist individuelle Merkmale im Dekor auf. Sie werden als Wappen oder Zeichen des jeweiligen Kapitäns gedeutet. Besaß die

---

[41] vgl. hierzu MARINATOS, N. (1988) S. 43 Tab. 2.
[42] DOUMAS, Ch. (1992) S. 56f Abb. 24-25.
[43] vgl. Anm. 31.
[44] DOUMAS, Ch. (1992) S. 86ff Abb. 49-62.

theräische Flotte acht Galeeren? Dieser Interpretationsansatz führte zur Namensgebung dieses Raumes als "Admiralszimmer".

6.3 Gebäudekomplex Delta

Der Gebäudekomplex ? verfügt über etwa 15 Räume von denen zwei Räume mit Fresken ausgestattet waren. Der Raum ? 17 enthielt im Obergeschoss eine Wandmalerei, von der nur noch ein einzelnes rudimentäres Fragment mit floralem Motiv geborgen werden konnte.

6.3.1 Das "Frühlingsfresko" ("Lilienfresko")

Aus dem Erdgeschoss des Raumes ? 2 stammt diese Landschaftsdarstellung. Gezeigt ist eine wilde Felsenumgebung in den Farben schwarz, rot, gelb und blau[45]. Die Felsen wirken durch schwarze Konturlinien, die die Maserung des Gesteins wiedergibt, wie angeschnitten. Ähnlich wie das "Papyrusfresko" (vgl. Kap. 6.1.1) erstreckt sich auch dieses Landschaftsfresko über drei Wände (Nord-, West- und Südwand), wobei die Raumecken negiert werden. Sofern die Rekonstruktion zutreffend ist, findet sich eine weitere Parallele in der Darstellung der Pflanzen. Mit zwei Ausnahmen wachsen auch hier aus langblättrigen, solitären Stauden jeweils drei Stängel. Im Unterschied zum "Papyrusfresko" sitzen hier am Ende der Stängel rispenartig rote Blüten. Blätter und Stängel sind in gelb ausgeführt. Die Pflanzen werden allgemein als Lilien angesprochen. Über den Pflanzen sind mindestens zwei Paare und zwei einzelne Vögel dargestellt, die als Schwalben angesprochen werden können. Die Schwalben sind nur mit blauer Kontur auf den weißen Hintergrund gemalt. Nur der Kopf ist in rot ausgeführt. Auffallend ist die perspektivische Darstellung der Vögel. Dem Betrachter entsteht der Eindruck von übermütig balzenden Schwalben. Die blühenden Lilien in Verbindung mit den balzenden Schwalben spiegeln als zentrales Thema dieses Wandbildes den Frühling vor. Bemerkenswert ist der untere Teil des Freskos. Wie die meisten minoischen Wandmalereien haben auch die Fresken in Akrotri gewöhnlich eine Einteilung in drei Zonen. Die Basis bildet ein Sockel, gefolgt von der eigentlichen Bilderzone. Den Abschluss bildet ein meist bänderartiger Fries. Bei dem hier vorliegenden "Frühlingsfresko" fehlt jedoch eine Sockelzone gänzlich.

Dieser reich dekorierte Raum wurde zuletzt wohl profan genutzt. Er enthielt bei seiner Freilegung ein Bett und Tonkrüge[46].

---

[45] DOUMAS, Ch. (1992) S. 100ff Abb. 66-76.
[46] DOUMAS, Ch. (1992) S. 100.

6.4 Gebäudekomplex Beta

Der Gebäudekomplex B wurde durch einen Sturzbach stark gestört. Wandmalereien sind nur aus Raum B1 und B6 erhalten.

6.4.1 Die "Boxenden Knaben"

In Raum B 1 sind unter einer "stehenden Welle" zwei miteinander boxende Knaben im Alter von sieben oder acht Jahren abgebildet[47]. Die Jungen sind im Profil mit natürlich wirkenden Proportionen und teilweise rasiertem Haupthaar wiedergegeben. Von den unrasierten Partien reichen lange schwarze Locken bis weit in den Rücken. In die Gesichter ragen jeweils zwei kurze Strähnen (Stirnlocken). Beide Jungen haben eine Boxhaltung eingenommen. Der linke Knabe (Figur A) hat seine linke Faust zum Gesicht des rechten Jungen (Figur B) geführt und dabei den erhobenen, gestreckten rechten Arm des anderen Jungen nach außen gedrängt. Seine linke Faust verweilt in einem transitorischen Moment schlagbereit am halb ausgestreckten Arm vor dem deckungslosen Oberkörper von Figur B. Der rechte Arm von Figur B hängt aktionslos nach unten. Der Betrachter erwartet förmlich einen entscheidenden Wirkungstreffer gegen das Kinn von Figur B. Immer vorausgesetzt die Rekonstruktion des Freskos ist zutreffend.

Beide Figuren sind nur mit Boxhandschuhen und Hüftgürteln bekleidet. Bekleidung ist bei Darstellungen von religiös motivierten Sportlern im Mittelmeerraum in dieser Zeitstellung ungewöhnlich. Gehört der Gürtel zur Sportausrüstung? Auffällig ist, dass die im Kampf scheinbar dominierende Figur A reich mit Schmuck ausgestattet ist. Der Junge trägt ein Fußkettchen, Oberarmschmuck und eine Halskette. Alle drei Accessoires bestehen aus blauen Perlen. Daneben schmückt eine Creole sein dem Betrachter zugewandtes Ohr. Insbesondere der Ohrring dürfte sich in einem Faustkampf bei einem Treffer als schmerzhaft erweisen. Die scheinbar unterlegene Figur B ist ohne Schmuck abgebildet. Weiterhin zu bemerken ist, dass Figur B im Inkarnat scheinbar dunkler nuanciert sein soll als Figur A. Das würde ebenfalls für eine übergeordnete Bedeutung von Figur A sprechen, wobei von Figur B nur wenige Fragmente erhalten sind, so dass hier eine Beurteilung schwer fällt[48]. Angesichts der Accessoires erscheint es unwahrscheinlich, dass hier ein realer Faustkampf gezeigt werden sollte. Sp. MARINATOS interpretierte dieses Fresko als Darstellung von "göttlichen" Knaben[49]. Nanno MARINATOS führt an, das Sport in dieser Zeitstellung in einem religiösen

---

[47] DOUMAS, Ch. (1992) S. 112 Abb. 79.
[48] Insbesondere anhand von Fotographien.
[49] MARINATOS, Sp.: Thera IV S. 49.

Rahmen zu sehen ist. Deshalb hält sie die Knaben für Spezialdiener einer Gottheit[50]. Ch. DOUMAS bietet hier einen weltlichen Interpretationsansatz. Er sieht in diesem Fresko eine Abbildung der Kinder der Familie, die in diesem Haus lebten[51,52].

6.4.2 Das "Antilopenfresko"

Im selben Raum wie die "boxenden Knaben" (vgl. Kap. 6.4.1) befindet sich ein Fresko, welches eine Gruppe aus ursprünglich sechs Antilopen zeigt[53]. Die Darstellung zeichnet sich durch eine einfache Klarheit aus. Die Tiere wurden mit schwarzem Strich auf weißen Hintergrund gemalt und kommen ohne weitere Kolorationen aus. Die Antilopen wurden scheinbar naturgetreu wiedergegeben. Dennoch war es bisher nicht möglich, die Darstellungen einer realen Antilopenart zuzuordnen. Möglicherweise kannte der Maler Antilopen nur aus Beschreibungen. Sp. MARINATOS beschrieb das Fresko als Darstellung von Antilopen bei der Brunft. Nanno MARINATOS stellt fest, dass alle abgebildeten Tiere gleich groß sind[54]. So deutet sie hier tollende Jungtiere und stellt einen inhaltlichen Bezug zu den spielerisch kämpfenden "boxenden Knaben" her.

Beiden Fresken in Raum B1 gemeinsam ist der Hintergrund. Die Basis wird von einem braunen Sockel gebildet, das im oberen Drittel durch ein blaues Band abgesetzt ist. Das eigentliche Bildmotiv ist gegen einen weißen Hintergrund gesetzt. Über den Köpfen der Figuren schwebt eine "stehende Welle" in roter Farbe. Über beiden Fresken ist ein durchgehender Fries angebracht. Dieses zeigt ein Efeurankenmuster[55] aus roten Ranken mit blauen herzförmigen Blättern, wie es – oft anders koloriert - häufig im minoischen Bildrepertoire auftaucht[56].

6.4.3 Das "Affenfresko"

Affen finden sich häufig im Kanon der minoischen Wandgemälde. Sie werden ausnahmslos, scheinbar einer Konvention folgend, in blauem Farbton abgebildet. Diese Regel ist gleichfalls auf die theräischen Fresken anwendbar.

---

[50] MARINATOS, N. (1988) S. 105f.
[51] DOUMAS, Ch. (1992) S. 110.
[52] Diese Interpretation würde bedeuten, dass Figur B von seiner Familie stiefmütterlich behandelt worden wäre.
[53] DOUMAS, Ch. (1992) S. 117 Abb. 83.
[54] MARINATOS, N. (1988) S. 105.
[55] DOUMAS, Ch. (1992) S. 111. Abb. 78.
[56] z.B. in Avaris (Tell el-Daba).

In Raum B6 ist eine Felsenlandschaft mit einer Gruppe von spielenden Affen dargestellt[57]. Bei den theräischen Fresken ist der Hintergrund der Bilderzone in der Regel weißen gelassen. Dieses Fresko bildet eine Ausnahme. Auf den erhaltenen Fragmenten ist teilweise ein farbiger Hintergrund zu erkennen. Dennoch ist auch hier eine Tendenz zum weißen Hintergrund zu erkennen.

Die Tiere sind in der Regel im Profil oder in Dreivierteransicht gezeigt. Außergewöhnlich ist die Darstellung des Affen im Zentrum des Freskos an der Nordwand. Dieser zeigt dem Betrachter seinen Körper in gedrehter Dreiviertelpose. Sein Gesicht ist jedoch frontal gegeben. Das ist eine für die gesamte minoische Malerei ungewöhnliche Perspektive. Für eine solche en face Perspektive findet sich in der minoischen Kunst eine Entsprechung in Knossos. Im sog. "Juwel Fresco" sind Anhänger mit dem Motiv von Menschenköpfen in Vorderansicht an einer Halskette dargestellt.[58] In Akrotiri kommen zudem Fresken vor, welche Affen bei menschlichen Tätigkeiten zeigen. So stammen aus Raum 4 von Xeste 3 rudimentär erhaltene Reste einer Wandmalerei, auf dem ein Affe eine Leier spielt.

Eine Ähnlichkeit der Affen mit in Nordafrika und heute auch in Gibraltar heimischen Makaken (Macaca sylvanus) ist durchaus augenfällig. Diese, auch Berberaffen genannten Tiere, waren ursprünglich im gesamten Mittelmeerraum verbreitet. Allerdings ist diese Art schwanzlos, während die Affen auf den kretischen und theräischen Fresken mit einem auffallend langen Schwanz dargestellt werden.

N. Marinatos (1988) erwähnt den Fund eines fossilen Affenschädels auf Thera, leider ohne weitere Angaben[59]. Demnach wäre es denkbar, dass minoische und theräische Maler mit der Anatomie von Affen aus eigener Anschauung vertraut waren.

Im Befundzusammenhang mit dem Affenfresko

Abb. 4: Schwanzloser Makake auf dem Felsen von Gibraltar/GB

---

[57] Doumas, Ch. (1992) S. 120ff Abb. 85-90.
[58] Evans: PM I S. 312 Abb. 231.
[59] Marinatos, N. (1988) S. 108.

stehen auch einige wenige Fragmente von Tierdarstellungen, welche von Sp. Marinatos als Jagdhunde interpretierte, die die Affen jagen sollten[60]. Nanno Marinatos sieht in diesen Fragmenten Ziegen in einer Felsenlandschaft und rekonstruiert das Fresko als eigenständiges Motiv an der Nordwand des Raumes[61]. Ch. Doumas[62] hält diese Wandbildfragmente für Rinderdarstellungen. Erführt an, dass einige dieser fraglichen Bruchstücke mit dem Affenfresko übermalt bzw. überputzt waren. Demnach müsse es sich bei den Rindern um ein älteres Fresko handeln, welches nicht im ikonographischen Zusammenhang mit dem "Affenfresko" steht.

6.5 Xeste 3

Das Gebäude Xeste 3 vom „Herrenhaustyp" wurde von seinen Ausgräbern als öffentlicher Bau klassifiziert. Aufgrund der Befundlage gliedert er sich funktional in einen Dienstleistungsbereich im westlichen und einen rituellen Bereich im östlichen Teil. Im so genannten Dienstleistungsbereich wurden mit Ausnahme des Obergeschosses von Raum 9 keine Wandmalereien entdeckt. Raum 9 war mit einem ornamentalen Fresko dekoriert. Stattdessen wurden aus diesem Bereich eine Vielzahl von Hausrats- und Vorratsgefäßen geborgen.

Die östliche Hälfte des Gebäudes hingegen war reich mit Fresken ausgestattet. Diese waren ursprünglich sowohl im Parterre als auch im Obergeschoß angebracht gewesen. Bislang sind lediglich die Inventare der Räume 3 und 4 veröffentlicht. Raum 3A weist im Erdgeschoss eine bauliche Besonderheit auf. Hier befindet sich ein eingetieftes Becken, das in der Literatur als **Lustrationsbecken** angesprochen wird. Ein solches Bauelement ist für Thera bislang einzigartig. Allerdings gibt es Argumente die gegen die Deutung als Lustrationsbecken sprechen. So existieren weder ein Zu- noch ein Ablauf. Ch. Doumas beschreibt das Becken als undicht. Es bleibt demnach zweifelhaft, ob sich jemals Wasser für rituelle Waschungen in dem Becken befunden hat. Bereits Sp. Marinatos zweifelte an einer derartigen Verwendung und beschrieb das Bassin als **Adyton** (Allerheiligstes), wo einzelne Personen von der Gemeinde abgeschirmt rituelle Handlungen vollziehen konnten. Die Freskenausstattung der umgebenden Wände spricht für einen rituellen Verwendungszweck dieses Beckens.

---

[60] Doumas, Ch. (1992) S. 111.
[61] Marinatos, N. (1988) Beilage D, Abb. 83.
[62] vgl. Anm. 60.

6.5.1 Adoranten- und Altarfresko am Adyton

Das in Parterre an der Nordwand über dem Adyton angebrachte Fresko zeigt eine Komposition von drei Frauen, die der Ostwand zugewandt sind[63]. Auf der Ostwand ist Architektur dargestellt. Gezeigt wird eine aus Quadern aufgebaute Mauer, die etwa ein dreiviertel der Wandhöhe einnimmt. In der Mitte der Mauer ist ein reich verziertes Tor eingelassen. Der Türrahmen war mir einem Spiralmotiv dekoriert. Die beiden Torflügel sind mit einem floralen Motiv (Lilienblütenkelche) bemalt dargestellt. Das Tor wir von einem Kulthorn ("horn of consecration") gekrönt. Dieses Fresko ist nur schlecht in wenigen Fragmenten erhalten[64]. Auf den Teilen, welche das Kulthorn zeigen, scheinen rote Farbtupfer zu sehen zu sein. Die Farbtupfer werden von N. MARINATOS als Darstellung von Opferblut interpretiert[65]. Die Darstellung erinnert an die Abbildung eines Gipfelheiligtums auf einem spätminoischen Steinrhyton (LM I) aus dem **Palast von Zakros** (Kreta)[66]. Die Parallele zu der kretischen Darstellung lässt die Vermutung zu, dass auch hier ein Heiligtum gezeigt werden soll.

Das Fresko auf der Nordwand zeigt drei weibliche Figuren unterschiedlichen Alters, welche gegen einen weißen Hintergrund gesetzt wurden. Die linke Figur (Figur A) ist stehend in Dreiviertelpose dargestellt. Sie trägt einen dunkelblauen volantartigen, minoischen Rock mit roten Säumen und ein hellblaues, kurzärmeliges Oberteil mit dunkelblau abgesetzten Umschlägen. Das Oberteil lässt die Brust der Frau frei. Hier wird deutlich, dass der Maler Schwierigkeiten mit perspektivischen Darstellungen hatte. Die linke Brust ist voll ausgeführt, während die rechte gänzlich fehlt. Der Maler versuchte das perspektivische Problem zu lösen, indem er den Umschlag des Oberteils über die rechte Brust legt um diese zu kaschieren. Das lange schwarze Haar der Frau ist mit Bändern zusammengehalten. Es lässt das mit einer Creole geschmückte Ohr frei. Das Gesicht ist im Profil dargestellt, wobei das Auge von vorne gegeben wird und in das Profil eingesetzt ist. Der rechte Arm der Figur ist nur im oberen Teil vorhanden. Er weist lang ausgestreckt nach unten. Der linke Arm hingegen zeigt halb ausgestreckt nach vorne (Osten). Der Hals und das linke Handgelenk sind mit einer Kette aus blauen Perlen geschmückt. Um die Schultern liegt eine Kette aus Krokusblüten. In der linken Hand hält die Figur in einer darreichenden Geste eine rote Perlenkette.

Die rechte Frau (Figur C) ist ähnlich gekleidet wie Figur A. Bei ihr ist die Schädelkalotte blau gemalt, als Zeichen für rasiertes Haupthaar bei Jugendlichen (vgl. Kap 6.2.1). Die Rasur ließ zwei lange schwarze Strähnen und eine Stirnlocke stehen. Gezeigt wird die Figur in einer

---

[63] DOUMAS, Ch. (1992) S. 136ff Abb. 100-108.
[64] Eine Rekonstruktionsversuch ist bei MARINATOS, N. (1988) S. 75 Abb. 53 abgebildet. Diese Rekonstruktion ist die Grundlage dieser Beschreibung.
[65] vgl. MARINATOS, N. (1988) S. 74.
[66] Archäologisches Museum von Heraklion/Kreta Nr. 2764 (Steinrhyton mit Gipfelheiligtum).

Dreiviertelansicht. Arme und Körper sind der mittleren Figur (Figur B) zugewandt, während der Kopf in einer unnatürlich wirkenden Pose in entgegen gesetzter Richtung zum Altarfresko zeigt. Figur B hebt sich von den beiden anderen Frauen durch einen langen gelben Schleier mit roten Tupfen ab. Der Schleier bedeckt den Kopf und den gesamten Körper.

Die mittlere der drei Frauen (Figur B) scheint die zentrale Person in dieser Komposition zu sein. Ihre Kleidung ähnelt der Tracht der beiden anderen Figuren. Ihr Haar ist analog zu Figur A ebenfalls lang und zusammengebunden. In ihrem Haar steckt ein (Oliven?-) Zweig und eine mit einer Blüte (Granatapfel?) verzierte Nadel. Derartige Attribute werden bei anderen Frauendarstellungen in Akrotiri nicht gezeigt. Ebenfalls einzigartig in der bisher bekannten minoischen Kunst ist die Körperhaltung der Frau. Sie wird sitzend auf einer Felsformation aus roten blauen und gelben Felsen gezeigt. Auf den Felsen wachsen Büschel von Pflanzen, die als Krokusse angesprochen werden. Die Frau stützt ihren Kopf auf die linke Hand. Diese Geste wird als Ausdruck für Schmerz oder Trauer gedeutet. Der Grund für den Schmerz ist in ihrem anscheinend verletzten, linken Fuß zu sehen. Mit der rechten Hand reibt sie über den scheinbar blutenden Fuß[67]. Ch. Doumas führt aus, dass aus ägyptischen Grabkammern Darstellungen von knienden Personen bekannt sind, die mit einer Hand an die Stirn fassen und mit der anderen Hand den Boden berühren[68]. Dass die hier dargestellte Geste nicht unbedingt eine Trauergeste sein muss, zeigt ein Relief aus dem Grab des Hetepherachet aus

Abb. 5: Ausschnitt eines Reliefs aus dem Grab des Hetepherachet (Van Oudheden Museum, Leiden/NL)

Saqqara (5. Dynastie). Hierauf ist ein Mann bei einer profanen Tätigkeit an einem Ofen abgebildet, der eine ähnliche Haltung einnimmt (s. Abb. 5).

Die Frage, ob der Fuß der Frau verletzt ist und blutet, kann anhand der Abbildung der entsprechenden Fragmente nicht eindeutig geklärt werden. An und unter der Sohle des linken Innenfußes der Figur ist rote Farbe zu sehen, die sicherlich -mangels Vergleichsmöglichkeiten- auch anders gedeutet werden kann[69].

Die Ausnahmestellung der Figur wird neben der zentralen Position und der abweichenden Körperhaltung auch durch Attribute wie Nadel und Zweig belegt. Zu Füßen der Frau liegt

---

[67] N. MARINATOS (1988) S. 78ff.

[68] Ch. DOUMAS (1992) S. 129.

[69] z.B. als Teil der Krokuspflanze zu Füßen der Frau.

eine einzelne Krokuspflanze. Diese könnte darauf hinweisen, dass die Frau gerade mit dem Sammeln von Safran beschäftigt war, als ihr der mutmaßliche Unfall zustieß.

Die drei Frauen und das Altarfresko stehen möglicherweise in einem kompositorischen Zusammenhang zueinander. Ein Indiz für diese Annahme ist die Ausrichtung der Figuren in Richtung des Heiligtums[70]. Diese Gesamtkomposition weist einen deutlichen narrativen Charakter auf. Hier wird möglicherweise ein Mythos oder eine Legende wiedergegeben, die nicht überliefert ist[71]. Somit fehlt dem heutigen Betrachter der Schlüssel zum Verständnis dieses Wandbildes[72]. Ein Mensch aus dem minoischen Kultkreis wird die Darstellung vermutlich sofort verstanden haben.

Die Fresken in Xeste 3 zeigen überwiegend Frauen. Bei den Ritualen, die hier vermutlich vollzogen wurden, waren aber scheinbar auch Männer beteiligt. Ein Indiz hierfür ist die Freskenausstattung des Korridors an der Westwand (Parterre). Hier werden Männer und Jungen gezeigt, die mit offensichtlich vorbereitenden Tätigkeiten beschäftigt sind.[73]

6.5.2 Die "Herrin der Tiere"

An der Nordwand im ersten Obergeschoss war ein Fresko angebracht, das eine auf Architektur (Podium) exponiert sitzende, weibliche Gestalt zeigt[74]. Rechts neben der Figur ist ein Greif mit ornamentierten Flügeln platziert. Von links nähert sich ein aufrecht stehender, blauer Affe, der einen Safranstrauß in den Händen hät. Der Affe reicht den Safranstrauß am ausgestreckten Arm der erhöht sitzenden Frau. Von weiter links nähert sich eine minoisch gekleidete Adorantin. Ihr Haar scheint, abgesehen von der Stirnlocke und einer langen Strähne am Hinterkopf, sehr kurz zu sein. Ist es gerade erst nachgewachsen? Sie steht leicht gebeugt und schaut ehrfürchtig zu der sitzenden Frau hinauf. In den Händen hält die Adorantin einen Korb mit Krokusblüten, den sie über einer großen, mit Safran gefüllten Schale entleert.

Die über allem thronende Frauenfigur ist festlich gekleidet. Ein angedeutetes Doppelkinn verweist auf das fortgeschrittene Alter der Frau. Um den Hals trägt sie drei Ketten. Eine blaue Perlenkette, eine Kette mit Entenfiguren und eine weitere Kette mit Libellenfiguren.

---

[70] N. Marinatos (1988, S. 79) geht hier weiter und stellt eine Verbindung zwischen dem blutenden Fuß der mittleren Figur und den "Blutflecken" auf dem Kulthorn der Heiligtumsmauer her.

[71] vgl. hierzu auch MARINATOS, N. (1988) S. 73f.

[72] Ähnlich wie wenn jemand ein Bild des gekreuzigten Jesus Christus betrachten würde, ohne die christliche Mythologie zu kennen. Für einen solchen Betrachter wäre auf diesem Bild lediglich ein Mann mit einer Dornenkrone zu sehen, der an ein Holzkreuz geschlagen wurde. Für einen anderen Betrachter jedoch, der mit dem Christentum vertraut ist, erschließt sich durch das Bild eine ganze mythologische Welt.

[73] DOUMAS, Ch. (1992) S. 146ff Abb. 109-115.

[74] DOUMAS, Ch. (1992) S. 158ff Abb. 122-128.

Das lange schwarze Haar ist mit Bändern zusammengebunden. Die Stirnlocke hat das Aussehen eines Schlangenkopfes und wird häufig als solche interpretiert.

Im Gegensatz zu der natürlich wirkenden Darstellungsweise der restlichen Komposition ist das dem Betrachter zugewandte Ohr ornamentiert. Ein solches ornamentiertes Ohr findet sich in fast identischer Form auch bei einem Fresko aus der Zitadelle von Mykene, der "Mycenaean Lady"[75]. Aufgrund einer Vergesellschaftung mit SH 3b-Keramik wurde das mykenische Fresko in das 13. Jahrhundert BC datiert. Dieser Befund könnte darauf hindeuteten, das es sich hier um eins der späteren Fresken im Reigen der theräischen Wandmalereien handelt.

Bereits Sp. MARINATOS deutete diese Figur als Bildnis einer Naturgöttin und nannte sie die "Herrin der Tiere". Der Affe, die Motivketten und die Schlange in ihrem Haar werden als Symbole für die Natur gedeutet. Folgt man der Deutung von MARINATOS, so steht der Affe für die Erde, die Vögel und die Libellen an den Motivketten für die Luft und die Schlange symbolisiert die Unterwelt. Der Greif ist als Begleiter einer Gottheit zu sehen.

Im Zusammenhang mit einem Fresko an der Westwand, das eine Sumpflandschaft zeigt, scheint bei der Deutung dieses Freskos auch Nahrung und Fruchtbarkeit eine Rolle zu spielen[76]. Handelt es sich hier um eine frühe Darstellung der **"Magna Mater"** (Großen Mutter), einer Naturgöttin, die im mediterranen Raum als Göttin Kybele noch bis in römische Zeit verehrt wurde?

6.5.3 Die "Krokuspflückerin"

Dieses Fresko[77] befand sich an der Ostwand des ersten Obergeschosses in unmittelbarer Nachbarschaft der "Herrin der Tiere". Es zeigt zwei weibliche Figuren beim Safransammeln in einer Felsenlandschaft. Die Felsen sind in den Farben rot, gelb und schwarz gemalt und wirken analog zu den Felsen im "Frühlingsfresko" (vgl. Kap. 6.3.1) wie angeschnitten. Auf den Felsen wachsen Bündel von blühenden Krokussen. Auch über den weißen Hintergrund sind Krokusbündel verteilt, die scheinbar frei schwebend aus dem Nichts wachsen. Die linke Frauengestalt (Figur A) ist in hockender Position in Frontalansicht gezeigt. Lediglich ihr nach rechts gewandter Kopf wird im Profil gegeben. Ihre schwarzen Haare wirken kurz und gerade erst nachgewachsen, ähnlich der Frisur der Adorantin im "Herrin der Tiere" -Fresko. Sie trägt die übliche minoische Tracht mit einem volantartigen Rock in den Farben blau und

---

[75] IAKOVIDES, S.E. (1999) S. 56, Abb. 26.
[76] Nanno MARINATOS (1988 S. 70f) konstruiert hier eine Verbindung zu den Libellen an der Halskette. Ihrer Argumentation zufolge leben Libellen in einem Sumpf und Männer jagen im Sumpf Vögel. Ergo sind Libellen gleich Sumpf gleich Nahrung gleich Fruchtbarkeit.
[77] DOUMAS, Ch. (1992) S. 152ff Abb. 116-121.

rot, sowie ein weißes kurzärmeliges Oberteil mit dunkelblau abgesetzten Umschlägen. Das Oberteil ist vorne offen. Die Brust der Frau ist vom Maler nicht ausgeführt worden. Die Frau trägt eine blaue und zwei rote Perlenketten. An den Handgelenken sind Armketten aus blauen Perlen gezeigt. In der linken Hand hält sich einen Korb, während sie mit der rechte Hand Safran von einem Felsen pflückt. Die Darstellungsweise dieser Frau weicht von der üblichen minoischen Profilansicht ab und findet eine Entsprechung in der Abbildung eines Affen im "Affenfresko" von B6 (vgl. Kap. 6.4.3).

Die rechte Figur (Figur B) stellt ein junges Mädchen dar, das Safran sammelt. Einen Hinweis auf ihr Alter gibt der bis auf eine Stirnlocke und einer langen Strähne am Hinterkopf, rasierte Kopf. Figur B ist gänzlich im Profil gegeben. Ihre Haltung ist leicht gebeugt und dem Felsen angepasst. Dem Betrachter entsteht der Eindruck, dass das Mädchen in den Felsen klettern würde. Sie schaut erwartend zu Figur A. Auch ihre Kleidung entspricht der minoischen Tracht. Dieses Fresko steht vermutlich mit der "Herrin der Tiere" in einem direkten mythologischen Zusammenhang.

7 Resümee

Die Fresken von Thera ähneln auf den ersten Blick den Wandbildern aus den minoischen Palästen und Villen von Kreta. Bei genauerer Betrachtung ergeben sich Unterschiede in Ikonographie und Farbgebung. Beispielsweise scheinen theräische Maler die Farbe grün strikt gemieden zu haben. Grün ergibt sich aus der Mischung von blau und gelb. Beide Farben kommen in Akrotiri miteinander und übereinander vor. Es erscheint unwahrscheinlich, das die Theräer grün nicht kannten. Bei der Herstellung und Handhabung der Farben für die Fresken muss grüne Farbe beinahe zwangsläufig entstanden sein. Folglich hat es einen bestimmten Grund dafür gegeben, grün nicht zu verwenden. Dieser Grund hatte jedoch für kretisch-minoische Freskenmaler keine Bedeutung. Sie verwendeten grün bei ihren Fresken. Zeitgleich erfreute sich auch in Ägypten grüne Farbe großer Beliebtheit[78].

Betrachtet man einzelne Darstellungen im Detail, so wird deutlich, dass bestimmte Elemente mit kretisch-minoischen Darstellungen nahezu identisch sind. Zu nennen sind hier beispielsweise die Delphine im Schiffsfresko (vgl. Kap. 6.2.2). Übereinstimmende Delphineabbildungen finden sich im **Palast von Knossos**[79]. Daraus lässt sich der Schluss ziehen, dass entweder die Maler der theräischen Fresken aus derselben Schule kamen, wie die Kretischen. Oder dass die theräischen Maler dieselben Vorlagen verwanden, wie ihre

---

[78] BLAKOLMER, F. (2000).
[79] Fußbodenfresko im "Megaron der Königin" ("Queens Megaron").

kretischen Kollegen. Hat Kreta seine Maler in die Ägäis hinaus gesandt oder wurden Zeichnungsvorlagen verhandelt?

Im Gegensatz zu den minoischen Wandmalereien auf Kreta lassen sich im Repertoire von Akrotiri keine Fresken ausmachen, die an Decken oder Fußböden angebracht waren. Desgleichen finden sich auf Thera keine Reliefwandbilder.

Die theräischen Bildfresken sind in der Regel ebenso wie andere minoische Wandmalereien in drei Zonen gegliedert. Eine Sockelzone bildet die Grundlinie. Im mittleren Bereich folgt die eigentliche Bilderzone. Ein Fries aus meist mehrfarbigen Bändern begrenzt das Fresko nach oben. Von den vorliegenden theräischen Wandmalereien bildet nur das " Frühlingsfresko" aus ?2 eine Ausnahme. Bei diesem Wandbild fehlt streng genommen die Sockelzone (vgl. Kap. 6.3.1). Der Hintergrund der Bilderzone wird in der kretisch-minoischen Freskenmalerei meist mehrfarbig ausgeführt. In Akrotiri hingegen werden die Motive auf weißen Grund gemalt. Weiterhin fällt auf, dass Überschneidungen strikt vermieden werden. Selbst bei einem so komplexen Wandbild, wie dem "Schiffsfresko" gibt es nur wenige Ausnahmen. Jede Figur hat in der Regel ihr eigenes Bildfeld.

Männer und Frauen kommen, wiederum mit Ausnahme des "Schiffsfreskos" nicht in derselben Komposition vor. Selbst auf dem erwähnten "Schiffsfresko" stehen Männer und Frauen nie beisammen. Die dargestellten Figuren sind, sofern sie Kleidung tragen, in minoischer Tracht dargestellt, d.h. Männer mit einem minoischen Schurz und Frauen mit volantartigen Röcken. Gerade hier wird der minoische Einfluss greifbar. Wie auch auf Kreta üblich, werden bei theräischen Fresken Männer in dunklem Inkarnat, Frauen und Mädchen in einem hellen Inkarnat gemalt.

Im Zusammenhang mit architektonischen Befunden entwickeln die Fresken das Bild einer theokratischen Gesellschaftsordnung. L. MORGAN (1988) stellt fest, dass ein direkter Zusammenhang zwischen den Fresken und der Funktion eines Raumes besteht. Demnach müssten Räume, deren Freskeninventar religiöse Motive enthalten, als Kulträume angesprochen werden. Bei den Wandbildern, die als religiös gedeutet werden können offenbart sich eine nicht zu übersehne Nähe zum kretisch-minoischen Kulturkreis. Dennoch scheinen wichtige Elemente zu fehlen. Beispielsweise fällt auf, dass in Akrotiri Darstellungen von **Stierspringern** gänzlich fehlen. Im minoischen Kreta hatte dieses Motiv eine zentrale, möglicherweise religiöse Bedeutung. N. MARINATOS vermutet, das Akrotiri über den Umweg der Religion von Kreta beherrscht wurde[80]. Sollte diese Annahme zutreffen, müssten dann nicht auch Stierspringerdarstellungen erwartet werden?

Eine besondere Bedeutung kommt dem Fresko der "kleinen Priesterin" (Westhaus, Raum 5) und der Frauendarstellung im Frauenhaus (Raum 1, Nordwand) zu. Bei beiden Figuren

---

[80] MARINATOS, N. (1988), S. 29.

wurden einzelne Körperteile (Ohr, Brustwarze, Lippen) mit intensiv roter Farbe hervorgehoben. Eine Parallele findet sich in der minoischen Malerei auf Kreta. Ein Fragment des "Jewel Fresko" aus dem Palast von Knossos zeigt rot gefärbte Fingerspitzen, welche nach einer Kette greifen[81]. Ein weiteres Beispiel aus Kreta sind die kräftig rot gemalten Lippen der "Kleinen Pariserin". Die Bedeutung dieser Hervorhebungen bleibt vorerst im Dunkeln.

Bleibt festzuhalten, dass die theräischen Maler tief greifend von der minoischen Kultur beeinflusst waren. Dieser Einfluss reicht von der Motivwahl bis zur Übernahme von Darstellungskonventionen. Hier spiegelt sich vermutlich die den Minoern ähnliche Lebensweise wieder. Ein Fresko aus der Zitadelle von Mykene, die "Mycenaean Lady"[82], weist, abgesehen von den tierischen Attributen, augenscheinliche Übereinstimmungen mit der "Herrin der Tiere" aus Xeste 3 auf. Dieses Beispiel mag als Beleg dafür gelten, dass die minoische Kultur und Religion nicht nur zur Zeit seiner Blüte die ägäische Inselwelt beeinflusste, sondern auch noch Jahrhunderte später auf dem griechischen Festland nachwirkte. Vielleicht war Thera der Dreh- und Angelpunkt für die Ausbreitung der minoischen Kultur mit eigenständigen Wurzeln.

8 Abbildungsnachweis

CIA Worldfactbook 2005 (http://www.cia.gov/cia/publications/factbook/): Abb. 1

HERDEMERTEN, D.: Abb. 3, Abb. 4, Abb. 5

MARINATOS, Nanno (1988) S. 9: Abb. 2

---

[81] EVANS PM I S. 526 Abb. 383.
[82] vgl. Anm. 75.

9 Literatur

BAILLIE, M.G.L.: Irish Tree Rings and an Event in 1628 BC. In: HARDY, D.A. (Hrsg.): Thera and the Aegean World III. Bd.3 London 1990 S. 160-166

BETRANCOURT, P.P.: Dating the Aegean Late Bronze Age with Radiocarbon. In: Archaeometry Bd./Nr. 29, 1987 S. 45-59

BLAKOLMER, F.: Das minoisch-mykenische "Zahnornament" und die ionischen Apatourien. Eine farbengeschichtliche Vermutung, in: Altmodische Archäologie. Festschrift für Friedrich BREIN, Forum Archaeologiae 14/III/2000 (http://farch.net)

CAMERON, M.: Theoretical Interrelations among Theran, Cretan and Mainland Frescos. In: Thera and the Aegean World. Bd. 1, London 1990 S. 579-592

DOUMAS, Christos: The Minoan Eruption of the Santorini Volcano. In: Antiquity Bd. XLVIII, 1974 S. 110-115

DOUMAS, Christos: Die Wandmalereien von Thera. Athen: The Thera Foundation, 1992

EVANS, A.J.: The Palace of Minos at Knossos. Bd. I-IV, London 1921-36

FRIEDRICH, W.: Feuer im Meer, Heidelberg: Spektrum Akademischer Verlag, 1994

HAMMER C.U. et al.: Thera eruption date 1645 BC confirmed by new ice core data?. in: The Synchronisation of Civilisations in the Eastern Mediterranean in the Second Millennium B.C.II, Hrsg. M. BIETAK, S. 87-94, Aust. Acad. of Sci., Vienna 2003

IAKOVIDES, S.E.: Mycenae-Epidauros-Argos-Tiryns-Nauplion. Complete guide to the museums and archaeological sites of the Argolid, Ekdotike Athenon, Athen 1999

KEENAN, J. K.: Volcanic ash retrieved from the GRIP ice core is not from Thera. Geochemistry, Geophysics and Geosystems, 4, 1097, doi:10.1029/2003GC000608, 2003

LAMARCHE, V.C.; HIRSCHBOECK, K.K.: Frost Rings in Trees as Records of Major Volcanic Eruptions. In: Nature Bd. 307/1 , 1984 S. 121-126

MANNING, S.W.: A Test of Time: the volcano of Thera and the chronology and history of the Aegean and east Mediterranean in the mid-second millennium BC. Oxford: Oxbow Books 1999

MARINATOS, Sp.: Excavations at Thera I-VII, Athens 1968 - 1976

MARINATOS, Nanno: Kunst und Religion im alten Thera. Zur Rekonstruktion einer bronzezeitlichen Gesellschaft. Athen: Mathioulakis, 1988

MORGAN, L.: The Miniature Wall Paintings of Thera, Cambridge: Cambridge University Press 1988

PARROT, A.: Mission archéologique de Mari. Le Palais II, 2: Peintures murales, Paris 1958

PEARCE N.J.G. et al.: Identification of Aniakchak (Alaska) tephra in Greenland ice core challenges the 1645BC date for the Minoan eruption of Santorini Geochemistry, Geophysics and Geosystems, 5, Q03005, doi:10.1029/2003GC000672, 2004

SHERRATT, S. [ed.]: The Wall Paintings of Thera, Proceedings of the First International Symposium 30 August-4 September 1997. Athens: Thera Foundation 2000

WINGERATH, H. Studien zur Darstellung des Menschen in der minoischen Kunst der älteren und jüngeren Palastzeit. Marburg: Tectum Verlag 1995

9 783638 658218